1

復興と安全

新 仕事の図鑑 未来へステップ！

1 復興と安全

はじめに
「復興と安全」にかかわる仕事について ……… 4

- DMAT隊員 ……………………………………… 6
- 防災士 …………………………………………… 10
- ハザードマップ作成者 ………………………… 12
- 国境なき医師団スタッフ ……………………… 14
- 水道局職員・水道事業者 ……………………… 16
- 介護支援専門員（ケアマネージャー） ……… 16
- 防災テントの開発者 …………………………… 17
- 精神保健福祉士 ………………………………… 17
- 不動産デベロッパー …………………………… 17
- 自衛官 …………………………………………… 18
- 警察官（警察災害派遣隊） …………………… 22
- 消防官 …………………………………………… 24
- 防災グッズの開発者 …………………………… 26
- 猟師 ……………………………………………… 28
- 海上保安官 ……………………………………… 28
- 入国審査官 ……………………………………… 29
- 山岳救助隊員 …………………………………… 29
- ライフセーバー ………………………………… 29

2

🎤 救急救命士	30
🎤 心理カウンセラー	34
🎤 大工	36
🎤 蜂の巣駆除の作業者	38
森林官	40
地震学研究者	40
土木施工管理技士	41
地方整備局職員	41
警備員	41
重機オペレーター	42
津波研究者	42
河川点検士・河川維持管理技術者	42
さくいん	43
コラム 社会体験授業	46

🎤 マークがついている記事は、インタビューが読めます！

仕事えらびの適性、興味・関心の目安を職業名の右横に３つ表示しています！

体力	体力が必要。	自然が好き	海や野山、川などの自然が好き。
運動神経	運動神経が必要。	地道にこつこつ	根気づよくとりくむことが好き。
手先の器用さ	手先をつかった作業が得意。	リーダーシップ	多くの人をまとめていく力がある。
探究心	深くほりさげてきわめるのが好き。	チームワーク	ほかの人たちと協力して仕事ができる。
アートセンス	芸術的センスが必要。	コミュニケーション	ほかの人たちと意見交換ができる。

「復興と安全」に かかわる仕事について

　「復興」とは、いったん衰えたものがふたたび元のさかんな状態にかえること。そして「安全」とは、危険がなく安心なことをいいます。

　日本では近年、大きな地震や台風、集中豪雨などの自然災害が数多くおこっています。2011年におきた東日本大震災ではたくさんの人の命がうばわれ、多くの建物や道路、橋などがこわされました。そののちも熊本や能登半島で大きな地震がおきたり、また毎年のように各地で台風や集中豪雨にみまわれたりして、全国に大きな被害がもたらされています。

　こうしたきびしい経験をしても、こわされてしまった建物や生活環境をもう一度、以前の姿にとりもどしたい、さらに以前よりももっと安心できるものにつくりかえたいという思いが、この社会には強くあります。私たちは自然災害とたたかいながら、社会を「復興」させ、「安全」なくらしを築きあげるためのさまざまな努力をかさねているのです。

どのような仕事にも、社会の力となる役割があります。この巻では、こうした日本をとりまく環境の中で、社会の復興と安全をささえるための仕事をとりあげています。

　「どうしたらたいせつな命が守れるか」「どうしたら身のまわりの被害を最小限におさえられるか」「どうしたら不安のない安心な社会でくらせるのか」といった復興と安全の課題とむきあっているさまざまな仕事と、その役割をになって努力してはたらく人たちを紹介しています。

　災害はいつやってくるかはわかりません。また、自然がもたらす災害をすべてくいとめることもできません。それでも災害に負けずに生きるため、自分の仕事や役割に真剣にとりくむ人たちの姿を知り、自分たちには何ができるかを考えるきっかけに、この本がなってくれればうれしいです。

[新・仕事の図鑑] 編集委員会

DMAT隊員

チームワーク
コミュニケーション
体力

大きな災害や事故の現場にすぐにむかい、一人でも多くの命を救うために支援する医療チームです。

トランシーバーの訓練をする国際医療福祉大学熱海病院の小松晋之介さん。災害や事故現場、患者の状況を連絡するのにつかう。

どんな仕事かな？

DMAT（ディーマット）は、災害や事故の急性期（発生から約48時間以内）に現場へ行って活動する、専門的な訓練を受けた「災害派遣医療チーム」のこと。英語だと「Disaster Medical Assistance Team」となり、その頭文字をとって名付けられました。1995年の阪神・淡路大震災のあと、災害がおきた直後の医療のおくれが問題になり、2005年にできた組織です。大きな災害や事故というのは、大地震、水害や土砂崩れ、飛行機や列車、船の事故などです。

DMAT隊員は、ふだんは病院の救急外来ではたらき、急病人や大けがをした患者を看護・治療します。また、地域の防災訓練やDMAT研修をとおして、日ごろから訓練をしたり、情報共有をしたりします。病院内でも、病院自体が被災してしまった場合にどう行動したらよいのか、病院の職員に指導をしてつねに災害にそなえています。

▲被災地・事故現場へむかうときは、救急車やDMATカーの設備を確認し、必要な荷物を積みこむ。

大きな災害や事故がおきて自治体から出動依頼があれば、必要な荷物を車に積んですぐに現場へかけつけます。医療に必要な道具だけでなく、宿泊用具や調理道具なども持ちこみ、ホテルやテントなどに宿泊しながら食事は自分たちで手配して被災地の迷惑にならないように活動しています。基本的には医師1名、看護師2名、業務調整員（技師や事務スタッフ）1名の4名が1チームになり、自衛隊や警察、消防と連携しながら医療活動をおこないます。

現場ではトリアージ（けがの重さによって治療方法や病院へはこぶ優先順位を決めること）をして治療をおこなったり、患者を病院へはこんだりします。また、被害状況や患者の情報を集めてほかの支援団体と共有し、災害対策本部や避難所の運営支援をすることもあります。災害や事故の種類、規模、活動する場所によってその場にあった対応が求められます。DMATの活動は災害や事故が発生した直後の緊急支援のため、活動期間は2日〜4日間。地域の医療体制がととのったら活動を終了します。

◀ホワイトボードに被害や事故の状況を書きだし、いま何をすればいいかを話しあう。

DMATの主な仕事の流れをみてみよう！

各都道府県のDMAT本部から隊員がいる病院へと出動依頼がきたら、病院のDMAT準備室で荷物を準備して現場へむかいます。

災害や事故がおこった都道府県の指示により、担当する場所で活動を開始。ひとつの活動場所に、全国から複数のDMATチームや支援団体が集まって情報を整理します。

患者の治療や搬送、被災者の健康チェックをして、カルテをつくります。ときには自身の栄養補給をしながら事務作業をすることもあります。

DMATが活躍した災害や事故は？

2011年東日本大震災、2013年福知山花火大会事故、2020年ダイヤモンド・プリンセス号（新型コロナウイルスの集団感染が発生したクルーズ船）、2021年熱海土石流災害、2024年能登半島地震などがあります。

DMAT隊員 インタビュー

小松 晋之介 さん
国際医療福祉大学熱海病院

被災地支援の力になりたい

災害や事故はある日、突然やってきます。発生直後の混乱のなか、DMATとして学んだことを生かし、被災地支援のサポートができるとやりがいを感じます。

どんな仕事をしているのですか？

ふだんは看護師として、病院の救急外来と集中治療室ではたらいています。たとえば事故にあって大けがをした患者さんの血圧や脈などをはかって応急処置をするとか、心臓が止まってはこびこまれてきた患者さんに心臓マッサージをすることもあります。

DMAT隊員としては、2024年1月に発生した能登半島地震の避難所へ行き、避難してきている方の健康チェックをし、けがや病気の方がいれば看護をしました。災害発生直後というのは想像以上に混乱していて、情報を整理し、どんなカルテをつくるか考えることからはじめました。被災地には全国からいくつものDMATチームが集まっていて、「はじめまして」のスタッフばかり。DMATや看護師としての経験年数、ふだんの役割などは一切関係なく、患者さんや避難されている方が何をしてほしいかを聞きとりながら、自分のできることをその場にあわせてやるというのが、病院での仕事とはちがいますね。

この仕事をするきっかけは？

母が弟を出産するとき、母子ともに命の危険がある状態でした。当時、患者だけでなく家族に寄りそってくれた男性看護師が印象にのこっていて看護師をめざしました。DMAT隊員になったのは、2021年に病院がある熱海市で土石流災害を経験したことが大きいです。自宅から病院への道がふさがっていてなかなか出勤できず、到着してからは夜中じゅう、患者さんや緊急の電話対応に追われました。そのときにDMATの知識や訓練が必要だと感じ、同じ職場の看護師長といっしょに資格をとりました。

こどものころに好きだったことは？

理科が好きで、理科の先生によく質問していました。学んだことが実際に目の前で見られる実験はとくに楽しみでした。中学から大学まで10年間バレーボールをつづけたので、体力には自信があります。

▲知らない土地で活動することが多いため、地図で被災地や事故現場までの行き方を確認。

 わたしのアイテム

▲DMATとして活動するときに欠かせないウエストポーチとその中身。消毒液、手袋、トリアージタッグを入れている。トランシーバーや帽子も必ず持参する。

▲▶トリアージカラーに色分けされた資機材バッグ。赤は命の危険があり緊急の治療が必要。黄色は待機、緑は命の危険なし（上）。たとえば赤のバッグには、緊急手術に必要な道具などが入っている（右）。

仕事をしていてうれしいことは？

病院の看護師としては、心臓マッサージをしたり薬を投与したりした患者さんが元気になって自分の足で歩いて退院していく姿をみるとうれしいです。

DMATとしては、災害や事故がおこったときに支援をまつ側ではなく、支援をする側になったと実感できたときによろこびを感じます。もちろん災害がおこること自体は悲しいのですが、そのなかでもDMATとしての知識や訓練が役だったと感じたときは、ほっとします。

これだけは伝えたい！

こまっている人を助けてみませんか？

看護師やDMATの仕事をしていると、ときにはつらい場面や、自分一人ではどうにもならない問題にぶつかることもあります。そのなかでも、病院ではたらく仲間、DMATチームの仲間と協力しながら患者さんや被災者の方を救えるのは大きなよろこび。皆さんも、こまっている人のためになることをしてみませんか？ そして皆さんが大きくなったときに、DMATや医療の現場でいっしょにはたらけたらうれしいです。

仕事をしていてたいへんなことは？

被災者の方を自分の力では助けてあげられない状況に直面したときは、気持ちを切りかえるのがたいへんでした。そんなとき、できないことはできないと割りきって、状況を受けいれてもらうよう寄りそいながらサポートします。「これからどうしたらいいかいっしょに考えましょう」と声をかけ、DMAT以外にも必要な組織や行政サービスがあれば手配をお願いし、少しでも前をむいてもらえるように努力します。

仕事で心がけていることは？

DMATは災害医療の主役ではなく、あくまでアシストするチーム。医療でどうにかしようと思わず、災害や事故にあった方の迷惑にならないよう、サポートを心がけています。また現場にはDMATチームどうしも、消防や行政などいろいろな職種の方も全員はじめて会う方ばかりなので、積極的にコミュニケーションをとるようにしています。「被災地支援」という目的のために相手は何をしてほしいか、何をすれば助かるのかをつねに考えながら活動しています。

▲DMAT用安全靴をはき、装備を身につけた小松さん。

DMAT隊員になるには

DMAT隊員には医師、看護師、業務調整員（医師や看護師以外の病院ではたらくスタッフ）の3つの職種があります。どの職種になるにしても厚生労働省が実施する「日本DMAT隊員養成研修」を受け、筆記試験と実技試験に合格する必要があります。

この仕事への道

中学⇒高校・専門学校・大学など → 病院で経験を積む → DMATの研修を受け、試験に合格する → DMAT隊員

防災士

リーダーシップ
チームワーク
コミュニケーション

防災に関する十分な意識を持ち、災害時には自分の知識や技術を活用して防災活動にとりくみます。

防災に関する講演会で話をする小川光一さん。47都道府県すべてで講演実績がある。

どんな仕事かな?

防災士は、防災に関する十分な意識を持ち、一定の知識や技能を持っている人のこと。災害時には自分の知識や技術を活用し、リーダーシップをとって避難を誘導するなど防災活動にとりくみます。

災害のないときは、自宅、職場、住んでいる地域において、可能な範囲で防災について広めます。また、自分の身を自分で守ることが何よりも重要なこと。防災士自身でも建物の耐震性を調べ、家具の配置を考えて固定をするなど、自主的に家や部屋の安全性を高める対策をします。家族や周囲の人と防災について話しあうこともたいせつです。職場や地域では避難訓練や、担当する会社、施設の防災対策をおこないます。

また企業や学校、自治体などで防災に関する講演会を実施することで、各地域の防災力向上をめざす防災士もいます。日本は地震も水害も多い災害大国ですが、防災はボランティアとしてとりくむという考えがまだ強いかもしれません。そのなかで防災に関する幅広い活動や、新しい仕事を生みだすことができるのも防災士です。自分らしく活動する"新しい防災士"がふえることで、さらに防災意識を日本全国に広めていける可能性を秘めています。

▶熊本県のラジオ番組に出演し、防災について語る小川さん。

10

インタビュー

災害大国・日本の防災意識を高めたい

小川 光一 さん
防災士

災害がおきたときは自分やまわりの命をしっかり守り、「生きのびる」ことを最優先してほしいです。

この仕事をするきっかけは？

東日本大震災の被災地支援をしていたときに大きな余震があり、自分の身の守り方すらわからなかったことがきっかけです。支援も大事なことですが、それと同時に防災の重要性を感じました。その後、防災士の資格をとり、防災に関する本や映画をつくり、全国に講演でよばれるようになりました。

もっと知ろう 防災体験施設に行ってみよう

日本各地には、防災館、防災センターなど、実際に地震や火災、水害などのシミュレーションをしながら防災体験ができる施設があります。

▲横浜市民防災センター。都市型の防災施設で、マンションでの防災を考える専用ルームなどがある。

これだけは伝えたい！

小中学生も防災士になれます！

目をつぶって想像してみてください。自分の大好きな友だち、家族、住んでいる町でこれからも楽しく生きていくために、防災しておくことは絶対に必要ですよね。防災士の資格は、何歳からでも取得できます。自分や、たいせつな人を守るために何ができるか考えてみましょう。

うれしいこと、たいへんなことは？

47都道府県で防災士として講演をつづけてきたので、どこで災害がおきても「ああ、あのときに講演した県だ」となります。ときには講演をした施設が被災しているのをニュースでみて、自分のやっていることに意味はあるのかなと感じることもあります。でも全国各地から「講演をきっかけに防災組織ができた」「講演を聞いてそなえていたから、無事に逃げられたよ」という報告がくるとうれしいし、また防災普及をがんばろうという気持ちになります。

◀山形県の高校授業で防災講演をしているようす。

防災士になるには

日本防災士機構認定防災士という資格を取得する必要があります。そのためには防災士研修講座を受け、防災士資格取得試験に合格し、救急救命講習で心肺蘇生法やAEDのつかい方を教わり、修了証をもらいます。年齢制限はありません。1ヵ月ほどで取得できます。

この仕事への道

日本防災士機構が実施する講座を受ける → 防災士資格取得試験に合格する → 救急救命講習を受ける → 防災士

ハザードマップ作成者

自然が好き
地道にこつこつ
チームワーク

国や自治体からの依頼を受け、災害の危険性が高い地域や避難場所をしめした地図をつくります。

▲完成したハザードマップを持つ小礒駿汰さんは、洪水がおきたときにどの地域まで川の水があふれるかを解析するのが専門。

どんな仕事かな？

ハザードマップは、災害の危険性が高い場所や避難場所をしめした地図のこと。各自治体には洪水、土砂、津波などに関するハザードマップをつくる義務があると、法律で決められています。そこで国や自治体からの依頼を受け、ハザードマップを作成しているのが建設コンサルタント会社や測量会社、地図製作会社などです。

ハザードマップをつくるには、川が近ければ洪水、山の近くなら土砂崩れなど、まずその地域でおこりやすい災害の種類を調べ、どのエリアの危険度が高いか解析をします。たとえば水害の危険度は雨の量によって大きく変化するので、事前に調査をおこないます。その結果をもとに危険度レベルを地図上で色分けし、避難場所や防災のときに重要な施設を表示し、ハザードマップをしあげます。自治体の要望を反映し、防災情報や災害にあったときに役だつ情報なども掲載しています。

また、ハザードマップを活用して自分たちが住んでいる場所にどういう危険があり、災害がおこったらどこに逃げればいいかを知ってもらうため、住民説明会を開くなどの活動もおこなっています。

◀チームで各自の作業内容を確認しながら、災害の調査やハザードマップづくりをすすめる。

インタビュー

命を守る情報をみやすく伝える

小礒 駿汰 さん
国際航業株式会社

地域によってちがう災害の種類や危険度、避難場所や必要な情報がわかりやすいハザードマップづくりを。

🎤 この仕事をするきっかけは？

中高生のころから土砂災害や水害、気候変動のニュースをよく目にしていて、大学では環境分野にすすみました。なかでも河川の研究に興味をもち、水害をふせぐのに役だつ仕事がしたくて建設コンサルタント会社に就職しました。現在は河川海洋部の技師として、ハザードマップの基礎となる部分、大雨・豪雨が河川にあたえる影響を解析しています。

わたしのアイテム

▶ノートパソコン、ポータブルハードディスク、河川を視察するときに必要なカメラ。ハザードマップにしめす浸水区域の範囲を解析する前に、必ず現地へ足をはこんで川や周囲の状況を確認する。

これだけは伝えたい！

家族とハザードマップを確認しよう

ハザードマップには、災害から命を守るための情報が詰まっています。家にあるハザードマップで、家族といっしょにどんな内容が記載されているか確認してみましょう。こどものころから災害時の対応について意識することは、防災にかかわる仕事をする上で役だちます。

🎤 うれしいこと、たいへんなことは？

ハザードマップ作成業務の中でも、豪雨などで川が氾濫した場合にどのくらいの土地が浸水してしまうかを解析する「洪水浸水想定区域図」をつくっています。住民の方の家や土地がどうなるか、地形や過去の災害状況、雨量などを計算しながら何度も確認するのはたいへんです。うれしいのは、自分がかかわったハザードマップをホームページ上や印刷物としてみたとき。だれかの役にたっていると実感できます。

▲担当する河川の調査をする小礒さん。測量用のポールをつかって堤防の高さを測る。

🎤 仕事でたいせつにしていることは？

相手の立場にたって考えること。自分ならどう思うかを考えて発言や行動をするようにしています。

ハザードマップ作成者になるには

一般的に大学を卒業後、建設コンサルタント会社や測量会社、地図製作会社などに勤めて経験を積み、ハザードマップ作成者になることが多いです。建設コンサルタント会社は災害の調査からハザードマップ作成まで総合しておこないます。

この仕事への道

| 中学⇒高校・専門学校・大学など | ハザードマップ作成業務がある会社 | ハザードマップ作成者 |

国境なき医師団スタッフ

チームワーク
コミュニケーション
体力

紛争や自然災害などで医療が受けられない人たちがいる場所へ行き、医療の手助けをおこないます。

▲南スーダン（アフリカ大陸にある国）での診察風景。帝王切開で出産をした患者さんの、手術後の診察をする森田恵子さん。©MSF

どんな仕事かな？

国境なき医師団は、紛争や自然災害、貧困などで医療が受けられない人たちがいる場所へ行き医療の手助けをおこなう民間の団体です。

世界70をこえる国と地域で、いろいろな国から派遣されるスタッフがチームを組んで医療活動をしています。海外では建物が何もない場所に病院をつくることもあり、安全を管理する人、病院やスタッフが泊まる場所を建てる人、お金やスタッフの管理をする人など、チームのうち半数くらいは医療以外の仕事をするメンバーです。のこりの半数が医師や看護師、薬剤師などで、現地のスタッフらと力をあわせて医療活動をします。短ければ2〜3か月、長い場合は1年近く現地にとどまって活動をするので、語学力やコミュニケーション能力が必要です。

紛争地で緊急医療をおこなう場合は、次々とはこばれてくる患者に、かぎられた医療機器や薬、設備をつかって対応します。産婦人科医はさまざまな国で妊婦の診察をして出産に立ちあい、必要があれば手術などの処置をします。ときには病院に泊まりこむこともありますが、食事や睡眠はきちんと確保できるようになっています。

◀おなかの中の赤ちゃんのようすを確認中。©MSF

インタビュー

森田 恵子 さん
産婦人科医

健康と幸せを願う気持ちは世界共通

国や文化、ことばがちがっても、同じ人間。いろいろな国の人と協力してチーム医療を経験できるのが魅力です。

🎤 この仕事をするきっかけは？

小学生のときのユニセフ募金活動がきっかけです。自分と同じような年齢の子が地球のどこかで家もなく、学校にも行けず文字も書けない生活をしていることを知っておどろき、いつかそういったこどもを助ける仕事がしたいと思いました。その後、国境なき医師団の講演会を聞いて、医師になってこの活動をしようと決めました。

わたしのアイテム

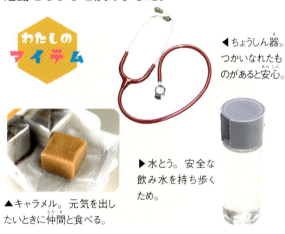

◀ちょうしん器。つかいなれたものがあると安心。

▶水とう。安全な飲み水を持ち歩くため。

▲キャラメル。元気を出したいときに仲間と食べる。

これだけは伝えたい！

広い世界に目をむけてほしい

日本中、世界中にはいろいろな環境でくらす人がいることを知るだけでもたいせつなこと。災害や紛争がおこったときにこまるのは、立場が弱い人です。そうしたことをだれかと話すとか、助けるために何ができるだろうと考えるだけでもいいので、視野を広く持ってほしいです。

🎤 うれしいこと、たいへんなことは？

医療の常識やことばの壁を乗りこえ、患者さんやスタッフと気持ちが通じあえたときがうれしいです。アフリカの国だと、一家に10人以上こどもがいることもありますし、手術をしたくない患者さんもいて、日本とは出産事情がちがいます。そのなかで、いろいろな国のスタッフや患者さんと話しあいをかさね、最後にはわかりあえて、いい治療や出産の手助けができたときはやりがいを感じます。

▲いろいろな国のスタッフとチームではたらく。©MSF

国境なき医師団に入るには

国境なき医師団には、医療スタッフと医療以外の仕事をするスタッフがおり、一年を通してはたらく仲間を募集しています。書類審査と語学テスト（英語やフランス語）、面接などがあり、合格すれば登録されます。医師の場合は専門医の資格をとって数年間、実際に病院で経験を積んでから応募します。ストレスに対応する力もたいせつなポイントです。

この仕事への道

中学⇒高校・専門学校・大学など → 医療経験を積む／社会人経験を積む → **国境なき医師団スタッフ**

水道局職員・水道事業者

[体力] [リーダーシップ] [チームワーク]

水道にかかわる施設を管理し、安心で安全な水を地域の人たちに提供しています。

災害時は、水道の供給が止まった地域に、給水車で水をはこび、飲み水や生活に必要な水をとどける。

水道は人のくらしや命の維持に欠かせないもので、電気やガスとともにライフラインとよばれています。水道局職員や水道事業者の社員は、地域の人たちに安全な水をとどけるため、浄水場や水道管などの施設を管理しています。また衛生的な飲み水を提供するための水質検査もおこないます。

地震などの災害で水道管がこわれたときは、いっこくも早く水がつかえるように、給水車で水をとどけ、水道管の復旧もはじめます。

水道事業にたずさわるには、地方自治体の水道局や民間の水道事業を請けおう会社に入社し、職務におうじて研修や資格取得をおこないます。

この仕事への道

中学⇒高校・大学・など → 地方公務員試験 → 地方自治体の水道局 水道事業者 → **水道局職員 水道事業者**

介護支援専門員（ケアマネージャー）

[リーダーシップ] [地道にこつこつ] [コミュニケーション]

必要な介護サービスを手配し、要介護者やその家族の生活をささえます。

高齢者など介護が必要な人も自宅ですごせるように支援するケアマネージャー。

ケアマネージャーは、介護を必要とする人（要介護者）が自立した生活が送れるように、介護の計画をたて、必要な介護サービスを専門の事業者に依頼するのが仕事です。また、要介護者やその家族のこまり事などを解決するための手助けもおこないます。

災害時には病院や介護施設など必要な医療・介護が受けられる施設につなぐ役割もにないます。

福祉・保健・医療関係の国家資格があるか、介護施設で経験を積んで、介護支援専門員実務研修受講試験に合格して実務研修を受けると、介護支援専門員として都道府県に登録できます。

この仕事への道

中学⇒高校・専門学校・大学など → 福祉・保健・医療関係の国家資格または介護施設での経験 → 介護支援専門員実務研修受講試験 → **介護支援専門員**

防災テントの開発者

手先の器用さ
探究心
地道にこつこつ

避難所でつかいやすいテントをつくります。

豪雨などで家にいては危険なときや、地震や津波で家がこわれてしまったとき、学校や公民館などが一時的な避難所になります。しかしおおぜいが同じ空間ですごすため、着替えや就寝時などのプライバシー確保が問題でした。そこで個人的な空間をつくってストレスを軽減し、衛生面や防犯面でも役だつ防災テントが評価されるようになりました。

防災テントの開発者は、避難経験者の体験や自治体の要望、じょうぶさや防炎性、設営の簡単さ、保管時の省スペース性など、求められる機能を考え、試作をくりかえし、商品を開発します。

防災テントの開発にかかわるには、テントのメーカーや防災用品をあつかう会社に入社し、企画や設計、開発といった部門ではたらきます。

この仕事への道

中学⇒高校・大学・大学院など → 防災用品企業など → **防災テント開発者**

精神保健福祉士

探究心
チームワーク
コミュニケーション

心に不安がある人に寄りそい、心のケアをします。

精神保健福祉士は主に精神科や心療内科につとめて、精神的な病や障害をかかえた人の相談を受け、生活や介護、就職などの助言をおこないます。

自然災害や集団をまきこんだ事件・事故がおこると、被災した本人や被災で家族を失った人など、多くの人が心に傷を受けます。精神保健福祉士は災害派遣精神医療チーム（DPAT）の一員として、被災した精神科病院の支援や、被災でつらい思いをした人たちの心のケアと、今後の心のサポートへの橋渡しなどをおこないます。

精神保健福祉士は国家資格です。福祉系の大学で指定科目を学ぶか、一般の大学・短期大学を卒業後に養成施設で学ぶことで、国家試験の受験資格が得られます。

この仕事への道

中学⇒高校 → 福祉系の大学 / 短期大学・大学 → 養成施設 → 国家試験 → **精神保健福祉士**

不動産デベロッパー

アートセンス
リーダーシップ
チームワーク

快適で安心にくらせる、土地や街を開発します。

不動産デベロッパーは広い土地を活用して、新たな街を開発する仕事です。大型商業施設やオフィスビル、マンションなど、多くの人々のくらしにかかわる大規模な建物を企画し、土地を用意して、設計・建築し、販売や貸しだし、管理も手がけます。

自然災害の多い日本で、建物の耐震性や、災害時にも電気や水などをたもつシステムといった防災性を高めることで、日々の安心を守ります。また、被災地の復興では、自治体や地域の人々の意見をもとに未来の街をつくる仕事をになうこともあります。

不動産デベロッパーになるには、大学で経営や都市計画、建築などを学び、不動産開発の会社に入社します。仕事によっては、国家資格の宅地建物取引士や不動産、建築に関する各種資格が必要になります。

この仕事への道

中学⇒高校・大学・大学院など → 不動産開発企業 → **不動産デベロッパー**

17

自衛官

体力
運動神経
チームワーク

国を守るために訓練を積み、災害時にはいち早く被災地に行って、救援活動をおこないます。

▲金沢駐屯地ではたらく陸上自衛官の若宮瞳さん。能登半島地震では被災者を支援するため現地で活動した。

どんな仕事かな？

　自衛隊には陸上自衛隊・海上自衛隊・航空自衛隊の3つの組織があり、その役割は大きく「国の防衛」「災害派遣」「国際平和協力活動」があります。この組織の中で階級を持ち、制服を着てはたらいている人たちを自衛官といいます。

　自衛官の仕事は所属する組織や部隊によってことなります。自衛隊でいちばん大きな組織である陸上自衛隊は主に陸上で活動し、有事にそなえて訓練をおこなうほか、情報収集や通信、輸送、施設整備といった後方支援などのさまざまな仕事があります。

　海上自衛隊は日本の海を、航空自衛隊は日本周辺の空を守る組織です。船舶や航空機を運用し、領海や領空を警戒・監視することが重要な任務です。艦艇に乗船する活動や、航空機を操縦するパイロット、航空管制や整備などの仕事があります。

　また災害時の救助活動も自衛隊のたいせつな役割です。最近では全国で大きな地震や、集中豪雨などの自然災害が毎年のようにおこっています。大規模災害や大きな事故がおきたときは、被災者の救助や支援をおこなっています。

◀災害時に航空機で被災地にむかう陸上自衛隊の救援部隊。

災害がおこると自衛隊は都道府県知事などから要請を受け、すぐに対応する部隊が空路や陸路で情報収集にむかいます。災害で混乱し、通信などがつながらずにすぐに要請がこない場合は、自衛隊が自ら活動をはじめることもあります。

被災地では警察や消防、海上保安庁、地方公共団体などと協力して、被災者の捜索や救助、生活支援をおこないます。

自衛官の多くは全国各地の駐屯地や基地、その周辺でくらし、いざというときにすぐに行動できるようそなえています。そして日本の領土を守るため、さまざまな災害に対応するため、部隊として、隊員個人としての能力を高めるため、日々の訓練をかさねています。

▲つねに訓練と準備をして、緊急時にそなえる。

もっと知ろう FAST-Force(ファスト・フォース)って何？

自衛隊の即応部隊の名称です。First(発災時の初動において)、Action(迅速に情報収集、人命救助と)、SupporT(自治体への支援を)、Force(実施する部隊)の頭文字から名付けられ、災害から1時間以内に出動できるよう駐屯地や基地に24時間待機している部隊です。

陸上自衛官の災害時の主な仕事をみてみよう！

地震など大きな災害がおきると、現場にいち早くかけつけて状況を把握し、本部に情報を伝えます。

災害時の人命救助のタイムリミットは72時間といわれ、一刻を争う懸命な救助活動がつづきます。

がけくずれなどで道路が通れず、孤立してしまった地域には、徒歩で救援物資をはこびます。

避難所では、被災した人たちに温かな食事やお風呂などを提供する生活支援もおこないます。

自衛官

インタビュー

私たちだからできる"力"を信じて

若宮 瞳 さん
陸上自衛隊　第14普通科連隊
3等陸曹

仲間とともに訓練を積むことで、一人ではない、大きな力を生みだすのが私たち自衛隊。災害に直面し、助けを求めている人たちのために力をつくします。

どんな仕事をしているのですか？

石川県金沢市にある金沢駐屯地の第14普通科連隊に所属し、有線通信陸曹をつとめています。陸上自衛隊の普通科は国防の前線をになっており、私の任務は有事のさいに陣地と陣地の間を通信でむすぶための機材の準備や設置、整備などです。

自衛隊にはいろいろな役割があり、職務には専門の技術や知識が必要です。そのための資格をとれる制度があり、私も通信に関する資格をとって、この仕事に従事しています。

通常はこうした任務に関する訓練をおこなっていますが、災害時はまたことなる役割をにないます。

2024年1月の能登半島地震は地元でおこった災害でもあり、被害も甚大でした。私が所属する金沢駐屯地からも多くの隊員が被災地へと救助にむかいました。災害時は状況によってさまざまな役割があたえられますが、私は生活支援部隊として現地に入り、入浴などの支援をおこないました。

この仕事をするきっかけは？

高校時代、将来を迷っていたときに、学校に自衛隊の広報官がきて話を聞いたのがきっかけです。そのときにみせてもらった写真で、自衛官たちの表情がとても明るかったことに興味をひかれ、団体生活って楽しそうとも思いました。

また中学、高校と剣道をつづけてきたので、これまでがんばった力をなにかの形で生かすことができたらいいかなと考え、自衛官をえらびました。

こどものころに好きだったことは？

とにかく動きまわるのが好きで、いつも外で遊んでいました。好きな教科はやっぱり体育。机の前にすわっているよりも体を動かすことが大好きだったので、この仕事はとても自分にあっていると思います。

▲被災地で入浴の支援をする若宮さん。笑顔で話しかけることを心がけている。

◀緊急の事態を想定し、勤務中はつねに緊張感をもって業務にあたる。

仕事をしていてたいへんなことは?

しっかりと体をつくり、管理していくことです。自衛隊では1年に1回体力検定があり、腕たて伏せ、腹筋運動、3000メートル走の種目で年齢ごとに定められた基準をみたさなければなりません。自己管理は基本。体力が落ちたなと感じたら、自ら走ったり、腕たて伏せをしたりとトレーニングを積んでいます。また、自分の任務を果たせるよう、きちんとした規則正しい生活と、体力の維持を心がけています。

仕事では突然の任務にも迅速に対応しなければなりません。能登半島地震でも、一刻を争う状況のなか、隊として、個人として、むだなく迅速に動くというのは実際に体験してほんとうにむずかしいと感じました。

わたしのアイテム

▲災害時に携行するレスキューリュック。ナイフや斧、のこぎりなど被災者を救出するために必要な道具が入っている。ベストや手袋はきびしい環境でも隊員の体を保護できるよう強化素材で作られている。

これだけは伝えたい!

興味ある仕事にであえるかも!?

自衛官の仕事の種類はとても幅広く、さまざまな職種があります。あこがれのパイロットや航空管制官、医師や看護師などの医療の専門職、あるいはIT分野の研究から音楽隊まで多種多様です。皆さんの興味があること、やってみたいことが自衛隊でどんな仕事とむすびつくか、関心をもってくれたらうれしいです。

 ## 仕事をしていてうれしいことは?

人の役にたっていることを実感できます。とくに能登の震災の支援をおこなったときは、たくさんの被災者の方たちから感謝の声をかけていただきました。入浴支援でも、高齢の方が話しかけてくれたり、まわりに集まってきていっしょに遊んだこどもたちの元気に笑う姿をみられたりして、力になれているかなとうれしくなりました。

 ## この仕事の魅力は?

つらいトレーニングやきびしい訓練もみんなで乗りこえるので、固い絆でむすばれ、仲間意識がとても強くなります。被災地でも1人の力は及ばなくても、みんなで力をあわせることでできることがあります。「みんなでやるぞ!」と声をあわせてがんばる仲間との一体感、達成感はなにものにも代えられません。

自衛隊員には私たちでなければ行けない場所、私たちでなければできないことがあります。そうした経験をしたいという人にとってこの仕事は大きな魅力ではないでしょうか。

▲空き時間を利用してランニング。体力を維持することもたいせつな仕事だ。

自衛官になるには

自衛官は特別職国家公務員です。中学を卒業後に陸上自衛隊高等工科学校に入る、高校・大学を卒業後に自衛官採用試験を受ける、高校卒業後に防衛大学校、防衛医科大学校に入るなどさまざまなコースがあります。

この仕事への道

中学	陸上自衛隊高等工科学校	
中学⇒高校・一般の大学など	自衛官採用試験	自衛官
中学⇒高校	防衛大学校 防衛医科大学校など	

警察官（警察災害派遣隊）

体力
運動神経
チームワーク

大規模な災害が発生したとき、人々の救助や安全・安心を確保するための活動をおこないます。

▲豪雨ではんらんした川から流れてきた倒木やがれきをとりのぞき、捜索活動をする警察災害派遣隊の隊員たち。

どんな仕事かな？

警察災害派遣隊は東日本大震災を教訓に、大きな災害がおきたときにすぐに被災地に行き、救出救助や避難誘導、安全・安心を確保するための活動ができるように、警察庁が2012年に作った部隊です。

警察災害派遣隊には即応部隊と一般部隊の2つの編成があります。災害が発生した直後にかけつける即応部隊は、被災者の救出救助や、緊急交通路の確保、亡くなった人の身元を調べるなどの活動をおこないます。発生から一定期間を経過したあとに派遣される一般部隊は、捜索やパトロール、防犯カメラの設置などの活動をおこない、避難所では被災者からの相談などを受けています。

隊員は各都道府県警察に所属しており、ふだんは警備、交通、刑事などのそれぞれの分野で活動し、災害が発生すると警察災害派遣隊として被災地に派遣されます。

災害はいつ発生するかわからないので、いつでも出動できるように、日々の業務にあたりながら、災害時に被災した人たちをひとりでも多く助けるため、実際の災害を想定した、さまざまなきびしい訓練をかさねています。

◀崩れた家屋にはさまれた人を救助する隊員たち。

インタビュー

仲間と力をあわせ、困難な現場に立ちむかう

全国から集まってきた多くの仲間たちと協力しあい、被災者の方たちの役にたてるよう全力をつくします。

警察庁　警察災害派遣隊　経験者

この仕事をするきっかけは？

幼いころからやっていた柔道で養った気力と体力を生かして人を助けたいと思い警察官をえらびました。機動隊員として勤務していたときに、警察災害派遣隊にえらばれ、隊の一員として活動するようになりました。

▲災害活動用の高性能な雨衣。日本警察のシンボルカラーの青色に災害救助現場で目立つ黄色をくわえた配色になっている。

これだけは伝えたい！

警察官にはいろいろな仕事があるよ！

地域住民の安全・安心を守る交番・駐在所のおまわりさんや、事件捜査をする刑事、交通違反者を取り締まる白バイ隊員などとともに、災害現場での救出救助活動をになう警察官もいます。災害発生時の警察官の活動にも関心を持ってもらえたらうれしいです。

仕事で心がけていることは？

被災者やその家族に寄りそいながら救助すること。それから救助活動の3S、「シンプル・スピード・セーフティ」をつねに意識しながら活動しています。

この仕事のやりがいは？

救助には同じ現場がなく、それぞれの現場で臨機応変に活動する必要があることがむずかしいところです。どんな災害であってもすべての現場に対応できるように、さまざまな環境や場所で訓練をかさねることで自信につなげています。

過酷な現場でも、自分の仕事が人の命を救うことにつながると信じて活動しています。実際に救助することができたときには、これまでの苦労をこえるよろこびを感じ、次もがんばろうと思います。

◀災害時は緊急車両の通行のための交通路の確保もたいせつな役割。

警察官（警察災害派遣隊）になるには

都道府県の警察官採用試験に合格し、警察学校を経て警察本部や警察署、機動隊などで警察官として勤務。そののち、警察災害派遣隊にえらばれ、災害発生時に被災地に派遣されて活動します。

この仕事への道

中学⇒高校・大学など → 都道府県警察採用試験 → 警察官 → 警察災害派遣隊

消防官
しょうぼうかん

体力
リーダーシップ
チームワーク

災害の現場にかけつけ、火災の消火や救急・救助活動をおこない人々の命と財産を守ります。

▲ポンプ隊の小隊長をつとめる小田島好平さん。119番通報があればすぐにかけつけられるよう準備して消防署で待機する。

どんな仕事かな？

　消防官は自治体の消防本部や消防署に所属し、災害現場などへかけつけて、火災の消火や人命救助をするのが役割です。

　主な仕事には、出火や延焼を最小限にくい止め、逃げおくれた人がいれば救助にむかう消火活動、交通事故や転落事故などでけがをした人や、急病人に応急処置をおこなって医療機関に搬送する救急活動、火事や交通事故、がけ崩れなどの災害現場で助けを待つ人をすみやかに救いだす救助活動などがあります。また災害を未然にふせぎ、被害をなくすための防災・予防活動もたいせつな役割の一つです。

　消防官は、消防学校を卒業すると最初に火災現場で消火活動をするポンプ隊に配属され、そののち必要な知識や技術、資格を身につけて、救急隊や特別救助隊、はしご隊などに所属します。こうした業務にあたる消防官は、つねにきびしい現場を想定して、たいせつな命を守れるように、日々訓練をかさねています。

　またそのほかにも、火災の原因を調べる調査担当、119番通報を受信して消防部隊に出場指令をだす指令員、地域の防災訓練指導をおこなう防災安全係など、地域の安全をささえるさまざまな仕事もあります。

▲火災の現場に最初にかけつけ、消火にあたるポンプ隊。

インタビュー

小田島 好平 さん
東京消防庁 三鷹消防署

私たちがたいせつな命を守る

**苦しんでいる人を1人でも多く助けたい。
その思いが日々の努力につながっています。**

この仕事をするきっかけは？

中学生のころ、近所で火事があり、まだ消防隊がかけつける前に燃えている家の前で泣きくずれている方をみました。そのとき「家の中にまだ家族がいるのだろうか。自分が助けられたらいいのに」と思ったことが、消防官という仕事をめざすきっかけとなりました。

わたしのマイアイテム

◀身に危険を感じたとき、仲間に居場所を伝える携帯警報器。

▲耐火性のあるヘルメットや防火衣で身を守る。

▲けむりの中でも呼吸を確保するための空気呼吸器。

これだけは伝えたい！

しっかり元気な体をつくろう！

カッコいい！　人を助けたい！　と思ったとき、そのヒーロー像のひとつに消防官も思いうかびませんか。もし消防官にあこがれるなら、いっぱい食べて、いっぱい寝て、健康な体を作ってください。体調管理をしっかりできることが消防官になる第一歩です。

この仕事のやりがいは？

消防車や救急車で現場にかけつけると、みんなほっとした顔をしてくれます。救助を待つ人の願いを受けとめ、苦しんでいる人を一刻も早く助けたいと思うと、きびしい訓練でも耐えぬこう、もっとがんばろうという気持ちになります。

▶防火衣を着用して消防車に乗り、現場にかけつける消防官。

仕事でたいせつにしていることは？

人を助ける仕事に、満足できることはないといつも考えています。どんなに勉強しても、どんなにきびしい経験をしても、ひとつとして同じ現場はないからです。その状況にあっていかに最善の対応ができるか──。そのためにいつも体調を万全にして、仲間とのチームワークを高めながら、日々努力をかさねることをたいせつにしています。

消防官になるには

消防官は地方公務員です。地方自治体の公務員試験（消防職員採用試験）を受け、合格後は消防学校で訓練を受けて、各消防署に配属されます。

この仕事への道

中学 → 高校・大学など → 消防職員採用試験 → 消防学校 → **消防官**

防災グッズの開発者

手先の器用さ
地道にこつこつ
コミュニケーション

災害がおきたとき、たいせつな命を守り、避難場所で役にたつ、新しい製品を考えて、作りだします。

▲試作品を前に、会社のスタッフと防災頭巾の機能性について話しあう八木貴司さん。

どんな仕事かな？

　地震や台風、豪雨などで大きな災害がおこると、電気やガス、水道などが止まったり、家が壊れたりして日常のくらしができなくなります。そのようなときでも命をしっかりと守れるようにそなえる製品や道具を防災グッズといいます。

　防災グッズには家具の固定器具や消火器など災害をふせぐ備品や、救助がくるまですごすための水や非常食などの備蓄品、緊急時に命を守るライトやホイッスルなどさまざまなものがあります。

　防災グッズの開発者は、災害から身を守るにはどうしたらよいか、災害がおきたら何にこまるのか、どんなものが必要になるかを考え、災害時に役だつ製品を開発します。ときには実際に災害がおこった場所に足をはこび、被災者たちの声を聞いて製品づくりの参考にすることもあります。

　また、災害時には火災があったり、長い時間雨にぬれたりと、きびしい環境にさらされる場合もあります。そのため製品づくりでは防炎や耐熱、強度などの試験をおこない、いざというときにきちんとつかえるじょうぶで安全な製品を完成させることもたいせつな使命です。

◀全国各地で開催される防災用品の展示会で、自社の製品を紹介する。

インタビュー

災害時の"こまった"を少しでもへらしたい

つかう場面はない方がいい。
でも身近にあって安心な製品づくりをめざしています。

八木 貴司 さん
ファシル株式会社

この仕事をするきっかけは？

私がくらす静岡県は、以前から防災への意識が高い地域で、小学生時代から防災頭巾が身近にありました。大学を卒業後、はじめは銀行に就職しましたが、いろいろな会社とかかわりながら人の命を守るモノづくりができる防災グッズの開発に興味をもち、現在の会社ではたらくようになりました。

わたしのアイテム

▲自社で販売する防災セットや携帯トイレ。出張カバンに必ず入れて、いざというときにそなえる。

これだけは伝えたい！

「共助」の気持ちをたいせつにしよう！

災害はいつおこるかわかりません。自分の身を守ることもたいせつですが、家族や友だちとともに助けあうという共助の気持ちをはぐくんでほしい。また身のまわりで自然災害がおきたときには何があぶないか、どうしたら安全かを考える習慣を身につけるようにしましょう。

仕事をしていてたいへんなことは？

つねに新しい商品を生みだすことが求められていることです。いろいろな場所に行って、たくさんの人と会って情報収集をしています。防災グッズはつかわれないことがいちばんですが、それでも持っていて安心といわれるものをつくりたいですね。

仕事をしていてうれしいことは？

災害とかかわる仕事なので、製品づくりの責任をいつも感じています。それでも実際に被災地の方たちに自分が開発した防災グッズをとどけて、皆さんのこまりごとを少しでも解消できたと感じたときは、この仕事をしていてよかったなと思います。

◀デザイナーなどと協力し、より魅力的な製品づくりを心がける。

防災グッズの開発者になるには

防災グッズの製造をしている会社に入って開発部門ではたらきます。大学で防災や、デザイン、素材などについて学ぶと、開発や製品づくりに生かすことができます。

この仕事への道

| 中学 | 高校・専門学校・大学・大学院など | 防災グッズの製造会社に入社 | 防災グッズの開発者 |

猟師

体力 / 自然が好き / チームワーク

野生の動物を捕らえてさばき、肉などを売ることを生業としています。

猟犬といっしょに動物を追いこんでしとめることも。しとめたシカやイノシシは料理につかわれる。

山や森にいる野生のシカやクマ、イノシシ、鳥などを銃やわな、網でしとめる狩猟が仕事です。しとめた獲物はさばいて肉を地元の飲食業者や食肉加工工場などに販売します。また動物の骨や皮、角などを利用して加工品を作成する人もいます。

最近は野生の動物が人里におりてきて、農作物を荒らしたり、人をおそったりすることがあるため、役所からの依頼を受けて、有害鳥獣を駆除することも猟師の仕事になっています。

猟師になるには、鳥獣の種類や駆除方法におうじて4種類ある狩猟免許の試験に合格し、都道府県に狩猟者登録をする必要があります。

この仕事への道

中学・高校・専門学校・大学など ⇒ 狩猟免許を取得 ⇒ 猟師

海上保安官

運動神経 / 自然が好き / チームワーク

海でおこるさまざまな事故や犯罪に立ちむかい、海の安全を守ります。

海上での遭難や、動けなくなった船などの連絡があれば、巡視船やヘリコプターで救助にむかう。

海上保安官は、海にかこまれた日本の安全をたもつために、遭難した船の救助や密漁・密輸など海での犯罪のとりしまり、海の調査や情報発信、海上交通の安全確保などをおこなう仕事です。

大型タンカーなど船の事故がおきると、油や有害物質が海に流れでたり、火災に発展することもあるため、迅速に油の回収や消火にあたります。また地震や豪雨などの自然災害では、物資の輸送や被災者の救出をするなど、さまざまな災害に対応します。

海上保安官は、国家公務員の専門職です。海上保安大学校か海上保安学校を受験して、入学したその時点から海上保安庁の職員となります。

この仕事への道

中学⇒高校・大学など ⇒ 海上保安大学校 ⇒ 海上保安官（幹部職員）

海上保安学校 ⇒ 海上保安官（一般職員）

入国審査官
にゅうこくしんさかん

- 地道にこつこつ
- チームワーク
- コミュニケーション

外国人の不法入国をふせぎ、日本の安全を守ります。

　入国審査官は、日本をおとずれる外国人を審査したり管理したりして、安全を守る仕事をしています。

　空港や港で外国人のパスポートやビザ、入国の目的が条件に合うかや、日本に滞在する期間や条件を審査したりします。また、不法に入国や滞在をする外国人を送りかえすことや、戦争や政治的な迫害などを理由に故郷から逃げてきた人々の、一時的な入国・滞在をみとめることもおこなっています。語学力や海外事情にくわしいことが求められます。国際化が進むいま、訪日する外国人の権利を守りつつ、日本の治安や利益も守る役割をにないます。

　国家公務員採用一般職試験に合格後、出入国在留管理局の面接を受けます。はじめは法務事務官として採用され、勤務経験をかさね入国審査官になります。

この仕事への道

中学⇒高校・大学など	国家公務員採用試験	出入国在留管理局採用面接	入国審査官

山岳救助隊員
さんがくきゅうじょたいいん

- 体力
- 自然が好き
- チームワーク

山の中で遭難した人をみつけて、命を救います。

　山岳救助隊員は、山で道に迷ったり、雪山で吹雪のため身動きがとれなくなったり、転落してけがをしたりして、山で遭難した人を探しだし、命を救う仕事です。広くけわしい山の中から要救助者をみつけ、自分の安全を守りつつ搬送するには、天候や地形などそれぞれの山の特徴を知りつくし、日ごろの訓練をかさねることが必要です。火山噴火などの大規模な災害時にも活動します。

　山岳救助隊は消防本部や消防署に設置され、特別な訓練を積んだ消防官が隊員となります。また警察が組織して同じように山岳救助をおこなう部隊に、山岳警備隊があります。

　山岳救助隊員は地方公務員のため、都道府県がおこなう消防官の採用試験に合格する必要があります。

この仕事への道

中学⇒高校・大学など	消防職員採用試験	消防官	山岳救助隊員

ライフセーバー

- 体力
- 運動神経
- 自然が好き

水辺の事故をふせぎ、楽しく安全な遊泳をささえます。

　ライフセーバーは、海水浴場やプールでパトロールや監視をし、遊泳客に注意をうながすことで、水の事故を未然にふせぐ仕事です。多くはボランティアとして活動しています。

　もしも水におぼれたり、沖に流されている人を発見した場合は、安全に救助して、応急手当をおこないます。また波が高く危険なときに遊泳を制限したり、津波のおそれがあれば避難をよびかけます。

　ライフセーバーには、日本赤十字社や日本ライフセービング協会が定めるいくつもの資格があります。活動の難易度におうじて講習を受け、泳ぎ方や救助法、救命対応などを習得し、資格をステップアップさせることができます。受講の条件として、一定以上の年齢や、水泳の能力が求められます。

この仕事への道

中学・高校・大学など	日本赤十字社・日本ライフセービング協会の講習を受講	各種資格を取得	ライフセーバー

救急救命士

チームワーク
コミュニケーション
体力

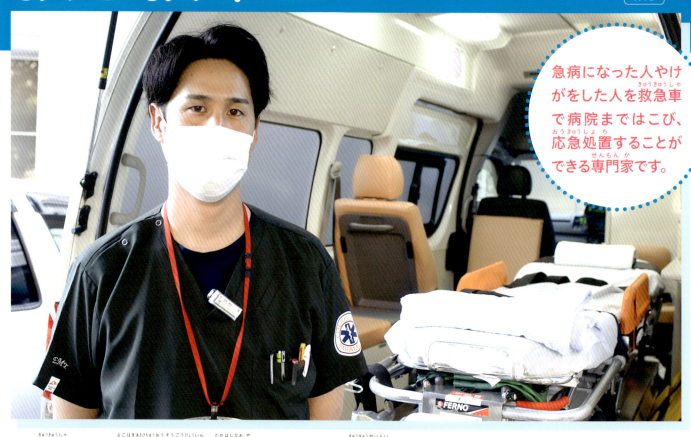

急病になった人やけがをした人を救急車で病院まではこび、応急処置することができる専門家です。

▲救急車の前に立つ横浜旭中央総合病院の髙橋尚也さん。ふだんは病院の救急外来ではたらいている。

どんな仕事かな?

急な病気にかかった人、事故にあった人、けがをした人、虫や動物から危害を加えられた人など、早く治療を受けなければいけない患者を救急車で病院に搬送し、医師の指示にしたがって応急処置をおこなうのが救急救命士です。患者の症状が悪くなるのをふせぎ、命の危険をさけるために必要な対応をおこないます。

具体的な処置内容をあげると、心臓マッサージやAEDという機器をつかって心臓のはたらきを正常にもどす「心肺蘇生」、意識を失った患者の呼吸をととのえる「気道確保」、傷口から流れだす血を止める「止血措置」など。ほかにも骨折の固定、決まった範囲の薬をあたえる、点滴などの処置をすることや、脈拍や体温、血圧をはかって、患者の観察をすることも救急救命士の仕事です。

救急救命士の多くは、ふだんは消防官として消防機関ではたらいています。消防署で訓練しながら待機し、119番通報があれば救急車で現場にかけつけます。

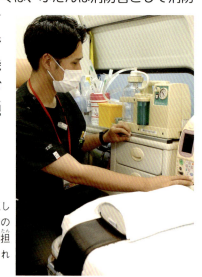

▶救急車内の機器が正しく動くか確認。救急車の点検は1日2回、昼の担当者と夜の担当者がそれぞれおこなう。

2021年以降は「救急救命士法」という法律が改正されたこともあり、病院の救急外来ではたらく救急救命士もふえています。その場合は病院内で患者の対応をしながら、救急隊や消防署からの電話（ホットライン）が入ったら医師に受けいれが可能か確認します。受けいれる場合は救急車ではこびこまれた患者の応急処置をして医師に引きつぎます。救急車を持っている病院であれば、ほかの病院やリハビリ施設などへ患者を移送することもあります。病院内に救急救命士がいると、医師や看護師の負担がへり、スムーズに救急医療ができます。

患者対応以外では、地域や病院内での防災訓練、トレーニング、勉強会を開催、または参加し、救急

▲救急車からストレッチャーをとりだす。頭を低くすると患者に不安や不快感をあたえるため、はこびこむさいは必ず頭の方から救急車に入れる。

救命についての知識をさらに深め、市民にも広める活動が、救急救命士に求められています。

救急救命士の主な仕事の流れをみてみよう！

病院ではたらく救急救命士は、まず看護師といっしょに患者の状況などを引きつぎます。薬や医療機器の確認をし、足りないものがあれば追加します。

救急外来では救急受けいれ依頼の電話（ホットライン）を受けると、医師に確認し、患者の処置や搬送・移送、家族対応などをおこないます。

救急車は、交替前に必ず点検・確認をします。赤色灯（赤いランプ）がつくか、車内の設備が正しくはたらくかチェックします。

救急救命士の勤務体制は？

病院の救急救命士は、朝から夕方まではたらく「日勤」と、夕方から翌朝まではたらく「夜勤」の2交替制。消防署の救急救命士は、24時間ごとに交替し、当番と非番（休み）をくりかえすことが多いです。

31

救急救命士

インタビュー

髙橋 尚也 さん
横浜旭中央総合病院

救急医療の最前線で力をつくす！

救急救命士は急な病気や突然のけがが発生した直後に対応をする仕事。患者さんが回復していくようすをみると人の役にたち、命を救う手伝いができていると実感します。

どんな仕事をしているのですか？

病院内の救急救命士は、主に救急外来ではたらくことが法律で決められています。救急外来では、消防署や救急隊からの電話を受けて医師に受けいれられるか確認し、患者の初期対応（血圧や脈拍、酸素の値をはかる）をし、検査の案内をするのが主な仕事です。看護師の仕事と似ていますが、看護師は長期で患者さんのケアを、救急救命士は急に症状が出た場合に処置をするイメージが近いと思います。

私がはたらいているのは「二次救急病院」で、すぐに命の危険はないけれど重症な患者さんがはこびこまれます。骨折、ハチ刺され、熱中症といった方も多いです。病院専用の救急車があるので、ほかの病院へ病人・ケガ人をはこぶ、地域のクリニックでは対応できない患者さんを受けいれる、またある程度回復した患者さんをリハビリ専用病院に移動するときに救急車をつかいます。私がはたらく病院では1日平均救急車20台分の患者さんを受けいれ・搬送する作業があります。

▲▶患者の初期対応として、脈拍をはかるようす。指で確認しながらモニターもチェックする。

この仕事をするきっかけは？

スポーツインストラクターをめざしていた時期もあったのですが、高校2年生のとき、自分で直接人助けができる仕事がしたいとさがすなかでみつけたのが救急救命士です。その後進学した専門学校の授業で病院実習があり、多くの職種の人がいる病院内で救急救命士になることに魅力を感じていまの仕事をえらびました。

こどものころに好きだったことは？

小学校4年生から11年間、野球にうちこんできて、どのポジションも経験しました。医療はチームでおこなうものなので、団体競技の経験は役だっていると感じます。教科としては算数・数学は得意でしたが、正直に言って学校の成績がとくによかったわけではありません。救急救命士になるための勉強は、小学校から高校までの内容とはまたちがった学習が必要なので、成績が悪くてもあきらめないでほしいです。

わたしのアイテム

▲ホットライン（救急隊からの電話）を受けるPHS、医療用テープを切るはさみ、レントゲン室に入ったときの放射線量をはかる「ルミネスバッチ」を身につけている。

▲電話を受ける髙橋さん。メモをとりながら次に何をするべきか考える。

うれしいこと、たいへんなことは？

救急外来の患者さんがつづけて到着すると、一人ひとりとしっかりコミュニケーションをとる余裕がなくなり、たいへんだなと思います。救急対応がかさなると病院の前に4〜5台の救急車が到着するときもあるので。ただ、消防署ではたらく救急救命士とことなり、病院内の救急救命士は自分が受けもった患者さんが入院して、退院するまで見守れます。元気になって「あのときはありがとうございました」とお礼をいわれたときはうれしいですね。

これだけは伝えたい！

自分のことも人のことも決めつけないで

医療の仕事は自分のためではなく患者のために何ができるかを優先する仕事。人の考えを否定せず、決めつけず、たくさんの人と話して自分の引きだしをふやしてほしいです。小中学生のいまはあまり自分自身のことも決めつけないで。好きなもの、なりたいものがそのうちきっとみつかってくるからだいじょうぶ！

この仕事のやりがいは？

病院の救急救命士としては、院内のさまざまな職種の方と協力しあって医療にかかわれるところです。チームで話しあって、患者のためにベストな治療ができたときにやりがいを感じます。院内には医師、技師、看護師、薬剤師、事務など専門分野を持った方がたくさんいて、刺激を受けながらつねに新しい医療の情報が得られるところが魅力です。

仕事で心がけていることは？

学生時代に先生から言われた「医療従事者は日々勉強、生涯勉強」ということばをたいせつにしています。また、院外や院内でのワークショップにも積極的に参加するようにしています。日本救急医学会による医療従事者のための蘇生トレーニングコースについては、インストラクターの資格をもっているので、人に教えることで自分の知識も新鮮さをたもつようにしています。

▶カルテの記入や検査データの管理など、パソコン作業も大事な仕事。

救急救命士になるには

大きく分けると2つの方法があります。①救急救命士養成課程のある大学や専門学校で学んでから救急救命士国家試験を受験し、病院などに勤務。消防署ではたらきたい場合はさらに消防職採用試験も受けます。②消防職員としてはたらきながら5年以上または2000時間以上の救急業務を経験し、養成所で講習を受けてから、救急救命士国家試験を受験します。

この仕事への道

中学⇒高校・専門学校・大学など → 消防職員 → 救急救命士の国家試験を受ける → 救急救命士

心理カウンセラー

地道にこつこつ
コミュニケーション
探究心

心に不安がある人、人間関係に悩みをかかえる人の相談にのり、問題解決にむけてサポートをします。

▲東日本大震災から数年後、岩手大学の心の復興事業「大震災を語り継ぐ会」に産業カウンセラーとして参加する野坂紀子さん。

どんな仕事かな？

心理学の知識や技術をいかして、心に不安や悩みをかかえる人の相談にのり、支援する専門家のことをまとめて心理カウンセラーとよびます。精神病の治療をするのは医師の仕事ですが、日常生活で感じる人間関係、学校、仕事のストレスや悩みを相談したい場合に活躍するのが心理カウンセラーです。

カウンセラーに関する国家資格としては、心理学の専門知識が高い「公認心理師」があります。民間の資格としては、幅広い分野で活躍できる「臨床心理士」のほか、特定の分野の専門性が高い「産業カウンセラー」「教育カウンセラー」「チャイルドカウンセラー」などがあります。どの心理カウンセラーも相談者の支援や問題解決の手助けが目的であることにかわりはありません。企業や行政、学校や医療現場、福祉施設のカウンセラーとしてはたらくほか、個人で、またカウンセラーに関する団体に所属してカウンセリングをおこなう人もいます。

大きな災害や事故のあとは、年齢や職業にかかわらずストレスや悩みをかかえやすい状態なので、心のケアが必要です。復興までの道のりが長期間かかることもあり、全国の心理カウンセラーが協力して定期的に被災地でカウンセリングをしています。

◀メモをとりながら話を聴く。相談者が不安にならないよう、ノートに記していく内容は見えるようにしておく。

インタビュー

前むきになれるサポートがしたい

「話を聴く」「寄りそう」姿勢をたいせつに、相談者自身が問題解決へむけて一歩進む姿がみられるのが魅力。

野坂 紀子 さん
産業カウンセラー

この仕事をするきっかけは？

2011年の東日本大震災のとき、岩手県大槌町にある実家が被災し、祖母と母が津波で流されました。母はいまも行方不明です。絶望のなか、病気の父の介護をしながらほかの被災者とかかわるうち、産業カウンセラーの資格を勧められて取得しました。組織をささえるためのカウンセラーとして、みんなと癒しあいながら復興をめざせたらと考えました。

もっと知ろう 被災地でどんなことをしているの？

被災地で「傾聴（話を聴く）ボランティア」をしたり、お茶を飲みながら話をする「お茶っこ会」を開いたり、電話相談を受けたりしています。「カウンセリング」と聞くと相談しにくい方もいるので、話をしやすい、相談しやすい環境づくりを心がけています。

これだけは伝えたい！

「助けて」と声をあげる力をつけて

こまったとき、未来に希望が持てなくなってしまったときに「助けて」と言える力、"自分を認める力"を身につけてほしいです。家族や学校の先生に言えなくても、ひとりでかかえこまず、私たちのようなカウンセラーや信頼できる人に相談してね。

うれしいこと、たいへんなことは？

ストレスがたまっている方は一方的にカウンセラーを責めるような言い方をされることがあり、自分のメンタルをコントロールするのが少したいへんです。うれしいことは、こちらが話を聴くうちに相談者の表情が明るくなってキラキラしはじめる姿がみられることです。また、震災遺族支援では、カウンセリングしながらわかりあうことで、自分も癒されます。自分の感情はコントロールしながら、相談者に寄りそえたと感じたときはうれしいです。

▲「こころの電話相談室」で電話を受ける野坂さん。

仕事でたいせつにしていることは？

何があったか、こまっていることはないかと無理に聴きださないこと。相談者が話したくなったら話を聴いて、自分で立ちなおれるよう導きます。

心理カウンセラーになるには

「心理カウンセラー」と名乗るには、資格や正式な決まりはありませんが、カウンセラーに関する資格を持っている方が活動しやすいです。幅広い分野で活躍できる資格には公認心理師（国家資格）、臨床心理士、特定の分野に特化した資格には産業カウンセラー、教育カウンセラーなどがあります。

この仕事への道

中学 → 高校・専門学校・大学など → 心理カウンセラー

大工

体力
手先の器用さ
チームワーク

木材を加工して柱や屋根、床や壁を組み立てて家を建てます。家の修理や改築もおこないます。

▲「カンナ」で木材をけずって、なめらかにしあげる山田幸治さん。うすく、平らにけずるのはむずかしく、何年も修業を要する。

どんな仕事かな?

大工の主な仕事は、木造の家を新しく建てることと、壊れた家や古い家を修理することです。お店やマンションの内部を工事する(内装工事)こともあります。

大工になると、最初に大工道具のあつかいをおぼえます。3〜4年経つと家の中のむずかしいしあげ部分、たとえば床板を張り、階段をつける作業ができるようになります。10年経てばひとりで木造の家が一軒建てられるようになり、そうなったら一人前です。家を建てるには、まず木材を加工して、柱や屋根の下地などの骨組みを組みたてます。外壁内壁、床や天井の下地を木材でつくって板を張っていき、ドアや窓をとりつけるのも大工の仕事です。

たなや家具をつくることもあります。

大きな災害がおこって家が壊れたり、傾いたりしたときに、家の建てなおしや修理をすることもあります。古い建物の場合は昔の図面を見ながら壁を壊し、現在の耐震基準に当てはまるような壁をつくりなおします。とくに木造住宅の耐震基準には、大震災があると見直されることがあるので、大工は家の安全に対する最新の知識も必要になります。

▶家の骨組みが完成し、屋根や外壁もできた状態。

インタビュー

自分が建てた家が形として長くのこる

お客さんの希望にあう完成形を思いうかべて
つくりあげた家や部屋が何十年ものこるのが魅力。

山田 幸治 さん
株式会社ビルドデザイン

この仕事をするきっかけは？

最初は設計の仕事をしたくて、建築の専門学校で設計を学びました。就職活動をするなかで、机にむかって設計図をかく仕事より、もっと体を動かして自分で家全体を建てられる仕事がいいと考えるようになり、大工の"とうりょう"（親方）に弟子入りして大工になりました。30年以上つづけています。

うれしいこと、たいへんなことは？

お客さんから「山田さんにたのんでよかった」「住みやすい家を建ててもらった」と感謝のことばをもらえるときがいちばんうれしいです。大工仕事は基本的に外でするので、夏の暑さは体力的にたいへんですが、その分朝早くから作業してお昼休みを長くとり、こまめに水分をとって対策しています。

つくっているものがだんだん形になっていくようすが目に見えるのでやりがいを感じます。

▲木材に穴を開けるため、「ノミ」を金づちで打つ。

仕事でたいせつにしていることは？

お客さんの希望を第一に考えること。全部かなえることがむずかしくても「できない」とは言わず、少し形をかえながら、なるべく希望に近づけるようなものをつくりだします。

大工になるには

大工に弟子入りするか、建築会社やハウスメーカー、工務店などに就職するかの主に2通りです。とくに資格は必要ありませんが、建築士や技能士といった国家資格を持っている大工もいます。

わたしのアイテム

◀電動のこぎり（丸のこ）。木材を切る機械。

▲すみつぼ。木材にまっすぐな線を引くためにつかう。

▲カンナ。刃を調整しながら木材をけずる。

これだけは伝えたい！

木の香りに包まれながらものづくりを

私はこどものころは手先が器用というわけではありませんでした。学生時代はラグビーに打ちこんでいて体を動かすことや、ものづくりの楽しさを知って大工になりました。大工は、自分がつくったもので、お客さん、家族や友だちをよろこばせることができる仕事です。

この仕事への道

中学・高校・専門学校・大学など → 大工に弟子入りするか建築会社や工務店に就職 → 大工

蜂の巣駆除の作業者

自然が好き
探究心
チームワーク

軒先など身近な場所で見つけた蜂の巣を、人に危害が加わらないように安全に取りのぞきます。

▲家の軒先などに作られてしまった蜂の巣を、危険がないように防護服を身につけ、専用の道具をつかって駆除するスタッフのようす。

どんな仕事かな？

春先から夏にかけて、野山の近くや樹木の多い地域では、家の軒先や屋根裏などに蜂が巣をつくることがあります。人が蜂に刺されると命を落とすこともあり、蜂の巣の駆除（害虫をとりのぞくこと）が必要となることがあります。

蜂の巣の駆除の仕事は危険をともなうため、作業は専用の防護服を着て、必ず二人以上でおこないます。蜂の巣をとってほしいと依頼があると、まず現場に足をはこんで蜂の種類や巣の大きさ、周辺にもほかの巣がないかなどを確認します。蜂たちが巣にもどってくるのは夕方で、暗くなってからが作業の開始です。まず蜂の巣に専用の殺虫剤をかけて蜂を退治し、その後蜂の巣を、貼りついている壁などからていねいにはがし、袋に入れてしっかりと口をふさいで駆除が完了します。

声をたてたりあわてて動いたりすると、蜂はおどろいて仲間をよび攻撃することもあります。安全のためにも、しっかりと蜂の種類や習性を理解して作業することが求められます。

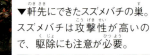

▲蜂に攻撃されにくい白い防護服に身をつつみ、作業をおこなう大山竜司さん。

▼軒先にできたスズメバチの巣。スズメバチは攻撃性が高いので、駆除にも注意が必要。

インタビュー

身近な危険をとりのぞく仕事に誇り

大山 竜司 さん
株式会社ダスキン

危険な現場だからこそ、専門の知識をもった私たちが活躍できる。安心をとどけられるよろこびがあります。

この仕事をするきっかけは？

会社の事業のひとつに害虫駆除の部門があり、配属されました。最初はちょっとこわいなと思いましたが会社の研修を受けて技術を学び、安全性の高い防護服や道具をつかうので、いまは不安はないです。

この仕事のやりがいは？

アシナガバチ、ミツバチ、スズメバチなど、蜂の種類によって巣の形や習性がことなります。また現場によって蜂の巣の大きさや貼りつき方もちがいます。現場では、毎回ことなる条件に、自分の知識やこれまでの経験を生かしながらむきあいます。一匹でも多くの蜂を逃がさずしっかり駆除するために、作業のタイミングや殺虫剤の吹きつけ方などをくふうし、きれいに蜂の巣を回収できたときは達成感があります。

仕事をしていてうれしいことは？

蜂の巣があってこわい。シロアリがでて心配。あるいは家にネズミ、ゴキブリがいるなどと、とても悩まれている方たちが、どうしても自分たちだけでは解決できないときに、プロの私たちに依頼してくださいます。だからこそ私たちの責任は重大。作業中はとても緊張しますが、無事に終わって害虫を駆除することができ、「とても助かった」「ありがとう」と感謝のことばをいただけると、期待にこたえられたと実感できてとてもうれしいです。

わたしのアイテム

▲スクレーパー。壁面にこびりついた蜂の巣をはがすためにつかわれるヘラ状の刃物。

▶高い場所にある蜂の巣に薬を噴霧するためのスプレー竿。

▲作業中にかぶるヘルメット。蜂が止まりにくいように表面はすべりやすく加工されている。

蜂の巣を駆除する人になるには

蜂の巣や害虫を駆除する会社に就職します。社内で必要な研修を受けて、駆除に必要な技術や知識を身につけます。

この仕事への道

| 中学 | 高校・大学など | 蜂の巣の駆除をする会社 | 蜂の巣駆除の作業者 |

これだけは伝えたい！

学ぶことが成長につながる

はじめは未経験だった蜂の巣駆除の仕事でしたが、いろいろなことを学び、知識をふやすことで成長できました。知識は自分の可能性を広げてくれます。たくさんのことに興味や関心を持って学べば、きっと世界が広がり、自分の未来へとつながっていくはずです。

森林官

体力 / 自然が好き / 地道にこつこつ

広大な国有林を管理し、未来を見通して森をはぐくみます。

森の中の木の太さや高さをはかり、木の伐採や植林の計画をたてる。

森林官は日本の森林の3割をしめる国有林を調べ、木材になる木の植林、間伐（密集しすぎた木を間引くこと）、収穫を計画し、業者への依頼、現場監督をおこないます。また、国有林の境界や道も管理します。豊かな森林は、水資源の確保や、土砂災害の防止にも不可欠です。木材になるまでには40～50年かかるので、未来の森のすがたを想定して管理することがたいせつになります。

森林官は国家公務員。林野庁の職員として採用後、業務や研修で森林・林業の知識と経験を高めてから森林官になります。国有林に近い森林事務所につとめ、その宿舎でくらす人も多いです。

この仕事への道

中学 ⇒ 高校・専門学校・大学など ⇒ 国家公務員試験 ⇒ 林野庁職員 ⇒ 森林官

地震学研究者

自然が好き / 探究心 / 地道にこつこつ

地震の被害をへらすため、地震のしくみを解明したり、新しい防災の方法を考えたりします。

地震学は調査からデータを集め、分析するのが主な研究法。海底の地盤を計測する調査もある。

世界の中でも地震の多い日本では、少しでも被害をへらせるように地震の研究が進んでいます。地震学の研究者は、地震を引きおこす地下のようすや、地震の発生場所から伝わる地震波を観測するなどの研究をおこない、学会や論文で最新のデータを元に発表します。また将来の地震や被害を予測したり、街づくりや法律の専門家と連携して地震対策を考えたりして社会のために役だてます。

地震学研究者になるには、大学で物理学や地学、土木学など理工学系を学び、大学院へとすすみ、修了後は大学や国公立・民間企業の研究機関ではたらきます。

この仕事への道

中学 ⇒ 高校⇒大学⇒大学院 ⇒ 大学・研究機関 ⇒ 地震学研究者

土木施工管理技士

体力 / リーダーシップ / コミュニケーション

土木工事の現場監督として、全体を管理します。

都市に欠かせない道路、橋、トンネルや、国土の安全を守る河川の堤防、ダムなどを造ることを土木工事といいます。その現場の責任者として工事計画をたて、予定どおりに計画が進んでいるかを管理し、工事を完了させるのが土木施工管理技士の仕事です。

土木の仕事は、国の産業や人々のくらしの基盤を整備する重要な役割をにない、何年もかけておこなわれる大規模な工事も多くあります。

近年では、橋や道路の老朽化や、自然災害によって橋や堤防が崩れるなどの被害がふえていて、さまざまな現場でその力が求められています。

土木施工管理技士には1級と2級があり、なるには土木・建築会社でそれぞれ一定の実務経験を積んで、国家試験に合格することが必要です。

この仕事への道

中学・高校・大学など → 土木・建築会社 → 土木施工管理技術検定試験 → 土木施工管理技士

地方整備局職員

探究心 / チームワーク / コミュニケーション

住みよい国土を守るための社会基盤をきずきます。

日本の国土の開発や保全をになう国土交通省が、地方におく出先機関に地方整備局があります。地方整備局の職員は人々のくらしや防災、環境などをふまえ、道路や河川、ダム、港など、地域に必要な設備をととのえるのが仕事です。どこに何をつくるか、計画や調査をおこない、土地を確保して、工事を発注します。完成後は整備した設備がしっかりと役割を果たせるように管理します。

都市計画や用地の確保など事務系のものから、土木工事の調査や計画、管理など技術系のものまで、さまざまな職種があります。

地方整備局職員は国家公務員です。高校または大学卒業程度の学力をもち、国家公務員試験を受験して合格することが必要です。

この仕事への道

中学 → 高校・大学など → 国家公務員試験 → 地方整備局職員

警備員

体力 / 地道にこつこつ / チームワーク

施設や人をみまもって犯罪や事故、火災をふせぎます。

警備員は、警備の対象となる場所や施設の中での事故やトラブルをふせぐため、みまわりや警戒などをおこないます。

主な仕事は4種類に分けられ、工場やビル、商業施設などで盗難や火災などを警戒する「施設警備」、工事現場やイベント会場など混乱がおきやすい場所で車や人を誘導して事故をふせぐ「交通誘導警備・雑踏警備」、多額の現金や美術品などの貴重品をはこぶときに盗難をふせぐ「輸送警備」、ボディーガードして高い地位にある政治家などの身を守る「身辺警備」があります。

警備員になるには、18歳以上の年齢制限があります。また、警備に関する国家資格などもあり、業務によってはこれらの資格が必要です。

この仕事への道

中学 → 高校・大学など → 警備会社 → 警備員

41

重機オペレーター

体力 / 手先の器用さ / チームワーク

重機を自在にあやつる工事現場の花形。

重機オペレーターとは、作業用につかうフォークリフトやパワーリフト、クレーン車などの大型の重機を操作する専門家です。重機をつかって土地の掘削や整地、建物の解体、造成工事などをおこないます。はたらく場所は土木や建築の現場やメーカーの工場、倉庫などがあります。

専門性や高い技術が求められますが、大規模な現場で大型の乗り物をあやつって活躍でき、自分がかかわった仕事が形にのこる達成感もあります。災害からの復旧工事にも欠かせない存在です。

重機オペレーターとしてはたらくには、免許や資格を取得しなければなりません。重機によって必要となる免許や資格はことなるため、1つの重機にしぼり実績を積んでいくオペレーターが一般的です。

この仕事への道

中学⇒高校・大学など	大型特殊自動車免許、各種資格など	土木・建築会社	重機オペレーター

津波研究者

自然が好き / 探究心 / こつこつタイプ

津波の専門家として、命を守る方法を考えます。

津波は、地震や火山活動などによって海底の地盤が変形したとき、その動きが海面に伝わり、大きな波となって広がるものです。新幹線ほどの速さで街をおそう津波もあるので、津波研究者は、将来の津波の被害をへらすための研究にはげんでいます。

たとえば津波をふせぐ防波堤づくり、街の地形や人口をもとにしたハザードマップ（危険な場所の地図）や人々を避難させる計画づくり、昔の津波の記録の調査など、さまざまな観点からの研究の成果を発表し、地域の防災に役だてていきます。

津波研究者になるには大学で地球科学や水理学など理工学系の分野を学び、大学院で専門的に研究します。そののちは大学や研究機関で研究を深めたり、建築関連の会社などで知識を生かしたりします。

この仕事への道

中学	高校⇒大学(理工系)⇒大学院	大学や研究機関建築関連の会社	津波研究者

河川点検士・河川維持管理技術者

自然が好き / チームワーク / リーダーシップ

河川の洪水をへらし、街とくらしを守ります。

河川が氾濫して被害をおよぼさないように、河川には堤防やダム、水門などの施設があります。近年の異常気象で豪雨がふえるなか、川や施設を管理するのが河川点検士と河川維持管理技術者です。

河川点検士はみまわりをして、水量や水質など川の異変をみつけるほか、施設の点検や、災害時の被害の把握もおこないます。河川維持管理技術者は、川の状況におうじて維持管理や補修を計画し、工事をおこないます。ともに地方自治体の河川管理部門や、河川施設をつくる建設会社などではたらきます。

河川点検士になるには、1年以上の実務経験ののち、講習を受け、試験に合格する必要があります。河川維持管理技術者は、さらに7年以上の実務経験などをへて、試験に合格すると資格を得られます。

この仕事への道

中学⇒高校・大学など	地方公務員試験	地方自治体の河川管理部門建設会社など	河川点検士・河川維持管理技術者

さくいん　1巻〜4巻（全120職種）

あ

アプリ開発エンジニア	③	26

い

異常気象研究者	④	6
板前	②	36
衣服のリペア、リメイク技術者	④	42
インフルエンサー	③	30

う

Webサイト制作者	③	18
Webプログラマー	③	29
Webマーケター	③	29
うどん職人	②	38

え

AIエンジニア	③	22
エコ住宅製作スタッフ	④	38
SNS運営担当者	③	34

か

カーボンニュートラル研究者	④	18
介護支援専門員	①	16
海上保安官	①	28
海洋環境調査員	④	16
海洋プラスチック研究者	④	12
河川点検士・河川維持管理技術者	①	42
環境アセスメント調査員	④	29
環境管理士	④	29
環境計量士	④	29
環境コンサルタント	④	28
環境省職員	④	28
観光農園スタッフ	②	24

き

気象庁職員	④	16
気象予報士	④	10
CADデザイナー	③	42
キャラクターデザイナー	③	16
救急救命士	①	30

く

クラウドエンジニア	③	41

け

ケアマネージャー	①	16
警察官	①	22
警察災害派遣隊	①	22
警備員	①	41
ゲーム機開発者	③	24
ゲームクリエイター	③	6
ゲームデバッカー	③	17
ゲームプログラマー	③	17

43

さくいん

こ

コーダー	❸	28
国境なき医師団スタッフ	❶	14
ご当地グッズ開発者	❷	6
ごみ収集作業員	❹	17
コンビニスタッフ	❷	42

さ

サーバーエンジニア	❸	41
再生資源回収・卸売人	❹	17
在宅ナレーター	❸	42
サイバー犯罪捜査官	❸	40
サウンドクリエイター	❸	14
山岳救助隊員	❶	29

し

CGアーティスト	❸	12
自衛官	❶	18
地震学研究者	❶	40
システムエンジニア	❸	29
社会体験授業	❶❷❸❹	46
車夫	❷	12
重機オペレーター	❶	42
省エネ家電開発者	❹	41
省エネリフォーム業者	❹	41
消防官	❶	24
しょうゆ製造工	❷	41
食品ロス削減取組者	❹	42
真珠加工技術者	❷	29
心理カウンセラー	❶	34
森林官	❶	40

す

水素発電システム開発者	❹	34
水道局職員・水道事業者	❶	16
スキー場スタッフ	❷	17
寿司職人	❷	30

せ

精神保健福祉士	❶	17
清掃員	❹	17
製茶工	❷	41
節水型機器の開発者	❹	41
潜水士	❹	24
扇子職人	❷	29

た

大工	❶	36
太陽電池の研究・開発者	❹	36
タクシー運転手	❷	16
脱炭素アドバイザー	❹	40

ち

地方整備局職員	❶	41

つ

ツアープランナー	❷	28
つかいすて製品削減取組者	❹	42
津波研究者	❶	42

て

DMAT隊員	❶	6
データサイエンティスト	❸	41
デパ地下販売スタッフ	❷	42

電気自動車研究・開発者 …………………… ④ 26
展望台スタッフ ……………………………… ② 10

と

杜氏 ……………………………………………… ② 18
土木施工管理技士 …………………………… ① 41

に

日本政府観光局スタッフ …………………… ② 28
入国審査官 …………………………………… ① 29

ね

ネットワークエンジニア …………………… ③ 28

は

バイオガス発電所運転管理員 ……………… ④ 30
バイオ技術者 ………………………………… ④ 40
廃棄物処理施設技術管理者 ………………… ④ 14
ハザードマップ作成者 ……………………… ① 12
バスガイド …………………………………… ② 14
パソコンインストラクター ………………… ③ 42
蜂の巣駆除の作業者 ………………………… ① 38
パティシエ …………………………………… ② 34
バリスタ ……………………………………… ② 41

ひ

日帰り温泉施設スタッフ …………………… ② 17

ふ

VRクリエイター ……………………………… ③ 16
Vチューバー …………………………………… ③ 40
フードデリバリー …………………………… ② 42
不動産デベロッパー ………………………… ① 17

ブルーカーボン研究者 ……………………… ④ 22
プロeスポーツ選手 ………………………… ③ 10

ほ

防災グッズの開発者 ………………………… ① 26
防災士 ………………………………………… ① 10
防災テントの開発者 ………………………… ① 17
ボードゲーム開発者 ………………………… ③ 38
ホワイトハッカー …………………………… ③ 36

み

道の駅スタッフ ……………………………… ② 22
土産物店店員 ………………………………… ② 29

も

モーションデザイナー ……………………… ③ 17

や

屋形船スタッフ ……………………………… ② 16
山小屋管理人 ………………………………… ② 17

ら

ラーメン店店主 ……………………………… ② 40
ライフセーバー ……………………………… ① 29

り

リゾートホテルスタッフ …………………… ② 26
猟師 …………………………………………… ① 28
料理配達員 …………………………………… ② 42

わ

和菓子職人 …………………………………… ② 40

コラム

社会体験授業

職場体験や企業訪問は、自分たちがくらす地域の会社やはたらく人への理解を深め、仕事への愛着や親しみをもつことにもつながります。ここでは埼玉県川越市の中学2年生が3日間、地元の事業所に出むいて、体験授業をしたようすと、その発見や感想をみていきましょう。

荒幡農園

- つらい中での作業でも集中してとりくめる、わからないことはすぐに質問できると自分のよさに気づけた。
- この仕事でどれだけの人をささえることができるのかなどを考えながら楽しむことがたいせつだと思った。
- はたらくとは生きるために必要なことで、とてもたいへんだったけどやりがいを感じた。

▲広い紅東のいも畑で、草取り作業を体験するようす。

▲郵便局の方から郵便業務の説明を受けるようす。

新狭山二郵便局

- はたらくこととは、人と人とのかかわりをたいせつにすることだと思った。
- お客さんが満足をしてもらえるようにすることが大事だと気づいた。

ヤマシタフラワーズ

- はたらくことはとてもつかれるけど、やりがいがあったり自分が成長できたりするものだと思った。
- 生きるため、自分の目標や成長のため、家族のためなど、いろんな思いで仕事にとりくんでいる人とかかわり、親のすごさ、まわりのおとなのすごさに気づけた。

▶従業員の方の指導のもと、ビニールハウス内でビオラの定植をおこなう。

武州ガス

- 事業所で作業をしているときに「ありがとう、たすかったよ」など、自分が事業所に尽力できたときに社会体験をしてよかったと思った。
- 職場の方がとてもやさしく、楽しい雰囲気をつくってくれたのでとてもいい思い出になった。またはたらくとは、ささえあい、助けあいが大事だと思った。

▲環境のことを考え、料理・食事・片付けをする「エコクッキング」をとおして、食品ロスや省エネについて考えた。

▲風船を液化窒素に入れる実験で、天然ガスの特徴や物質の変化を体験した。

弘武堂スポーツ

- 仕事のたいへんさも楽しさも知ることができた。
- コミュニケーションをとる機会が多く、人とのかかわりの重要性を実感した。

▲商品をたなにならべる体験をしている生徒のようす。

川越中央消防署 大東分署

- つらかったことたいへんだったことはなく、すべてが楽しく自分のプラス(自信)になった。
- はたらくとは、人と人とがかかわりあってみて、みんなで力をあわせて仕事をこなすことだと思った。
- 自分のために仕事をしていると思っていたが、ほかの人のためにはたらきたいと考えるすてきな人もいることがわかり、将来を考えるきっかけになった。

▲消防士の方の指導のもと、放水体験をするようす。

47

［新・仕事の図鑑］編集委員会

取材・文
桑名妙子
富田夏子
梅田藍子

制作協力
有限会社大悠社

撮　影
淵崎昭治
割田富士男

イラスト
ニシハマカオリ

デザイン
Sense of Wonder

編集・制作
有限会社データワールド

取材協力(敬称略・掲載順)
国際医療福祉大学熱海病院
国際航業株式会社
国境なき医師団
陸上自衛隊
警察庁
東京消防庁
ファシル株式会社
横浜旭中央総合病院
株式会社ビルドデザイン
株式会社ダスキン
川越市立大東西中学校
荒幡農園
新狭山二郵便局
株式会社ヤマシタフラワーズ
武州ガス株式会社
有限会社弘武堂スポーツ
川越中央消防署大東分署

写真提供(敬称略)
横浜市民防災センター

未来へ ステップ！
新 仕事の図鑑

1 復興と安全
ふっこう

2025年3月28日　初版発行

編　集　［新・仕事の図鑑］編集委員会
発行者　岡本光晴
発行所　株式会社あかね書房
　　　　〒101-0065　東京都千代田区西神田 3-2-1
電　話　03-3263-0641(営業) 03-3263-0644 (編集)
印刷所　TOPPANクロレ株式会社
製本所　株式会社難波製本

落丁本・乱丁本はおとりかえいたします。
定価はカバーに表示してあります。
© Data World 2025 Printed in Japan
ISBN978-4-251-07781-3
https://www.akaneshobo.co.jp

※この本に掲載されている内容は2024年取材・執筆
　時のものです。

NDC600
［新・仕事の図鑑］編集委員会
しん　しごと　ずかん　へんしゅう　い　いんかい
未来へ ステップ！ 新・仕事の図鑑　1
み　らい　　　　　　　　　　しん　しごと　ずかん
復興と安全
ふっこう　　あんぜん

あかね書房　2025年 47p　27cm×22cm

①

復興と安全

天災からの復興や日々の安全にかかわる職種を集めました。自衛官、防災グッズの開発者、救急救命士、大工、蜂の巣駆除の作業者など掲載。

②

食とインバウンド

食にまつわる仕事やインバウンド需要に応じる職種を集めました。バスガイド、観光農園スタッフ、寿司職人、パティシエなど掲載。

③

ゲームとインターネット

インターネットを利用して発展している職種を集めました。ゲームクリエイター、AIエンジニア、インフルエンサー、SNS運営担当者など掲載。

④

環境とカーボンニュートラル

環境問題の研究や解決に携わる職種を集めました。異常気象研究者、海洋プラスチック研究者、バイオガス発電所運転管理員など掲載。